Zhongguo Wenhua Zhishi Duben

中国文化知识读本

畲族

主编 金开诚

编著 戴艳华

吉林出版集团有限责任公司

吉林文史出版社

图书在版编目（CIP）数据

畲族 / 戴艳华编著 . 一长春：吉林出版集团有限责任公司：吉林文史出版社，2010.5（2022.1 重印）
（中国文化知识读本）
ISBN 978-7-5463-3055-6

Ⅰ . ①畲… Ⅱ . ①戴… Ⅲ . ①畲族 – 民族文化 – 中国 Ⅳ . ① K288.3

中国版本图书馆 CIP 数据核字（2010）第 093488 号

畲族

SHE ZU

主编/ 金开诚 **编著**/戴艳华
项目负责/崔博华 **责任编辑**/曹恒 于涉
责任校对/钟 杉 **装帧设计**/曹恒
出版发行/吉林文史出版社 吉林出版集团有限责任公司
地址/长春市人民大街4646号 **邮编**/130021
电话/0431-86037503 **传真**/0431-86037589
印刷 / 三河市金兆印刷装订有限公司
版次 /2010 年 5 月第 1 版 2022 年 1 月第 3 次印刷
开本/650mm×960mm 1/16
印张/8 **字数**/30千
书号/ISBN 978-7-5463-3055-6
定价/34.80元

关于《中国文化知识读本》

文化是一种社会现象，是人类物质文明和精神文明有机融合的产物；同时又是一种历史现象，是社会的历史沉积。当今世界，随着经济全球化进程的加快，人们也越来越重视本民族的文化。我们只有加强对本民族文化的继承和创新，才能更好地弘扬民族精神，增强民族凝聚力。历史经验告诉我们，任何一个民族要想屹立于世界民族之林，必须具有自尊、自信、自强的民族意识。文化是维系一个民族生存和发展的强大动力。一个民族的存在依赖文化，文化的解体就是一个民族的消亡。

随着我国综合国力的日益强大，广大民众对重塑民族自尊心和自豪感的愿望日益迫切。作为民族大家庭中的一员，将源远流长、博大精深的中国文化继承并传播给广大群众，特别是青年一代，是我们出版人义不容辞的责任。

《中国文化知识读本》是由吉林出版集团有限责任公司和吉林文史出版社组织国内知名专家学者编写的一套旨在传播中华五千年优秀传统文化，提高全民文化修养的大型知识读本。该书在深入挖掘和整理中华优秀传统文化成果的同时，结合社会发展，注入了时代精神。书中优美生动的文字、简明通俗的语言、图文并茂的形式，把中国文化中的物态文化、制度文化、行为文化、精神文化等知识要点全面展示给读者。点点滴滴的文化知识仿佛繁星，组成了灿烂辉煌的中国文化的天穹。

希望本书能为弘扬中华五千年优秀传统文化、增强各民族团结、构建社会主义和谐社会尽一份绵薄之力，也坚信我们的中华民族一定能够早日实现伟大复兴！

目录

一　盘瓠功勋繁衍一族文明…………9
二　畲语说唱传承瑰丽文学…………29
三　凤凰装饰祈求生活祥瑞…………45
四　乌饭清茶品味饮食文化…………55
五　节庆娱乐欢动民族脉搏…………69
六　婚嫁喜庆昭显民俗风情…………93
七　宗教祭祀寄望福子荫孙…………113

一　盘瓠功勋繁衍一族文明

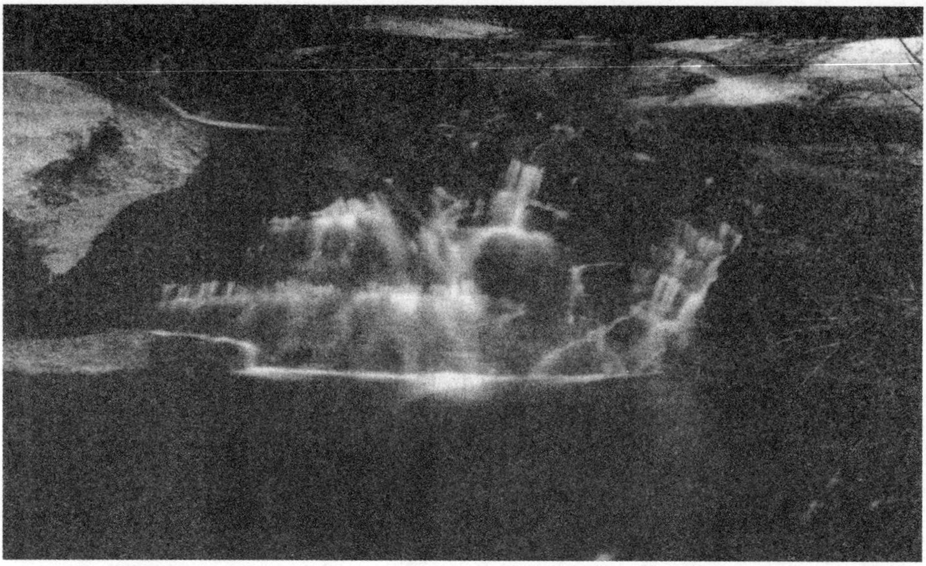

风景宜人的贵溪樟坪畲族乡

远古，天地连成一体，混沌像一个鸡蛋，盘古生在“蛋”中，用了一万八千年，用斧子劈开天地，阳清为天，阴浊成地。盘古头顶天，脚踩地，挺立天地间，每日天高一丈，地厚一丈，盘古的身体长高一丈，及至天高得不能再高，地厚得不能再厚，盘古哭泣成江河，呼气为风，喜为晴，怒为阴。又过了好久，盘古去世了，头化为四岳，目为日月，毛发为草木。

天地就这样诞生了，日月斗转，万物轮回，世事无常，人心惶惶。盘古生前立了三皇帝，三皇五帝定乾坤，天皇天干地支记万年，地皇分出日月岁，人皇定出君臣百姓位，大细辈分排成行。“三皇过了到五帝，五个皇帝先后排：伏羲皇帝分道理，神农皇帝做世界；神农过了是轩辕，造出何车又何船；轩辕过了金天皇，何道何理坐大堂；传位颛顼管天下，历书出在颛顼皇。颛顼以后是高辛，三皇五帝讲灵清；帝喾高辛是国号，龙麒出世实为真……”（《高皇歌》）

很快很快，就到了帝喾时代。帝喾，姓姬，号高辛，就是大名鼎鼎的黄帝的曾孙，他在位时朝里人才济济，天下被治理得很好。然而一天夜里，刘皇后梦见娄金狗下界转世托生，醒来后耳内疼痛，下旨召名医，名医从皇后耳中取出一条稀奇的三寸长金虫，以玉盘贮养，用瓠叶盖着，一日长一寸，

依山傍水的畲族村寨

长到一丈二，形似凤凰，取名麟狗，号称盘瓠。盘瓠身上花纹锦绣，头上有二十四点黄斑。这时候恰好犬戎兴兵来犯，帝下诏求贤，诏示：能斩番王头者可娶三公主为妻。盘瓠揭榜后即往敌国，乘番王酒醉，咬断其头，回国献给高辛帝。高辛帝因他是犬而想悔婚。盘瓠作人语说："将我放在金钟内，七昼夜后便可变成人。"盘瓠入钟六天，公主怕他饿死，打开金钟，见他身已成人形，但头未变。于是盘瓠与公主结婚，婚后，公主随盘瓠入居深山，以狩猎和山耕为生。生三子一女，长子姓盘，名能，次子姓蓝，名光辉，三子姓雷，名巨佑，女儿嫁给了钟智深。又经过

畲族农田一景

畲族聚居区一景

了好多年的繁衍生息，就形成了目前的以盘、雷、蓝、钟为四大主姓的畲族，我们所要讲述的畲族文明也由此而始。

畲族是我国众多少数民族中人口较少的民族之一，分散居住在我国东南部福建、浙江、江西、广东、安徽几省境内，而福建、浙江的广大山区中就居住了百分之九十以上。他们自称“山哈”。“哈”畲语意为“客”，“山哈”，即指居住在山里的客人，景宁汉族称其为“客家人”，畲族则称汉族为“民家人”。解放前，由于民族歧视的存在，“畲客”二字常被用作侮辱性称呼，有的畲民被迫更改、隐瞒自己的民族成分，故畲族家谱有“徭人”或“徭家”的别称。隋唐之际，居住在福建、广东、江西三省交界山区的包括畲族先民在内的少数民族被泛称为“蛮”“蛮僚”“峒蛮”或“峒僚”，他们在极其艰苦的环境下拓荒殖土，从事农业生产和狩猎活动。到了唐代，唐王朝在畲族先民聚居的福建漳州、汀州一带施政，并实行辟地置屯等一系列发展经济的措施，使畲族山乡经济得到了发展，畲汉两族之间的关系变得日益密切。南宋末年，史书上开始出现“畲民”和“拳民”的族称。（“畲”，意为刀耕火种）。同时随着封建制度的不断压迫，畲族人民被迫不断迁徙。同时也多次起

畲族人生息繁衍在粤、闽、赣边界的广大山区

义反抗。他们往往是和被压迫汉族人民一起，团结战斗，给封建统治者以沉重打击。唐代，在雷万兴、苗自成、蓝奉高等人领导下的畲汉人民反抗斗争，持续近半个世纪。公元1516年谢志珊、蓝天凤为首的畲、汉人民联合起义规模最大，持续时间最长。而到了近代，畲族人民更是掀起了不屈不挠的反帝反封建斗争。但是直到解放后，才正式改称为“畲族”。畲族使用畲语，属汉藏语系苗瑶语族。无本民族文字，通用汉文。

公元7世纪初期，畲民就生息繁衍在粤、闽、赣边界的广大山区。景宁畲族各姓宗谱均称自己的祖籍是广东潮州凤凰

畲族发源地——潮州凤凰山

凤凰山风景秀美，林木茂盛

山。畲族从福建迁到浙江，基本上是一家一户或几家几户逐年迁移，没有固定的路线。明代是畲族大量入迁浙江的时期。如果按入迁始居地认祖，雷姓尊“包凤祖”，蓝姓尊“四格祖”，钟姓尊“山外祖”。泉州府和兴化府也有畲族，宋代才陆续向闽中、闽北一带迁徙，大约在明、清时才开始大量出现于闽东、浙南等地的山区。江西东北部的畲族原住广东潮州府凤凰山，后迁福建汀州府宁化县居住，大约在宋元之后至明代中叶以前迁到赣东北居住。安徽的畲族则大约在一百年前从浙江的兰溪、桐庐、淳安等县迁来。各地畲族都以广东潮州凤凰山为其民族发祥地，传说他们的始祖盘瓠就葬在这里，并认为妇女的头饰扮成凤凰形式，就是为了纪念他们的始祖。

畲族有盘、兰、雷、钟四大主姓，盘瓠王应为古代的部落联盟首领，与三公主结婚后生三男一女，得到高辛皇帝敕封，封长子盘自能为南阳郡武骑侯，次子兰光辉为汝南郡护国侯，三子雷巨佑为冯翊郡立国侯。另有一女名淑玉，其婿钟志琛被封为颍川郡敌国侯。畲族的盘姓极少，据闽东传说及族谱记载，他们是从广东潮州凤凰山自海路迁徙时，姓盘的一船被风吹到“番国”，因此未到达连江登岸，故闽

贵溪樟坪畲族乡风光

畲族生活的山区随处可见毛竹

东现无盘姓之畲民。

蓝姓：

蓝氏迁入霞浦有三大支源。一为明天启元年（1621 年），由广东迁入连江罗源后，再直接由罗源进入福宁三十八和三十九都的青皎；二为明末清初由浙南回迁闽东，在福宁西路山区开发；三为清康熙末年，由汀州府上杭县进入福宁南乡。除以上三大支源外，

山石林立的畲族聚居区

还有其他支源，自广东亦有至侯官，后迁浙南以及闽东福宁（霞浦）福安的。

雷姓：

雷姓畲族在霞浦，始自明洪武年间，在“戊申年(1488年)徙居福宁州长溪五载”；二是明万历七年(1579年)由福安溷里迁入福宁州三十八、三十九都江山；三是由罗源大头迁入发金斗洋和福宁州三十八和三十九都江山；四是清顺治初(1644年左右)从福安茶洋迁入福宁州二十五和二十六都一带；五是乾隆初(1740年左右)从浙南迁入福宁四都草岗等处。

钟姓：

始祖钟音在洪武三十一年(1398

年）任浙江天台知县，“由广州潮州府迁罗源大坪里，为人闽开创始祖也”。就闽东畲族较发达的宗支来看：明万历初（1580年左右）由福安迁霞浦。又明嘉靖间（1540年左右）也由福安迁来。后来也有从外地迁入。钟氏畲族在闽东也是从罗源迁到北部的福安、福鼎及霞浦等地。

此外，在闽东霞浦畲族，也有李、吴、周、林、千、刘、张、羊、王、宗、世、章、朱、爱、曹、方、康等姓氏，但年代均较后，且多为汉人入赘加入畲族而保留原姓者。

畲族主要分布在东南丘陵地带，境内山岭重叠，溪流回绕，靠近海洋，气候温和湿润。海拔都在500—1500米，冬季比较寒冷，

畲族主要分布在我国东南丘陵地带

古老的畲民依山而住，依山而垦，打造出了独特的“高山云梯”

但霜期很短。雨量充沛，土壤肥沃，物产丰富，风调雨顺。农产品以稻谷、红薯、麦子、油菜、豆类、烟叶、土豆为主。山区盛产林木及毛竹，是畲族人民主要经济收入之一。木材积蓄量很大，树木种类繁多，是我国重要林区之一。土特产丰富异常，有茶叶、油茶、纸、笋干、花生、苎麻、香菇、樟脑、松油和名贵药材。山区的矿藏也非常丰富，有煤、铁、金、铜、明矾、石墨、石膏、硫磺、滑石、云母石、瓷土以及其他多种有色金属。

畲民好大一部分居住于地处浙江西南边陲的景宁畲族自治县，该县则是我国唯一的畲族自治县，也是华东地区唯一的少数民族自治县。在悠久的历史长河中孕育了璀璨丰富的民族文化，有着独特的韵味，散发着鲜明的民族风情。景宁县群山连绵起伏，海拔千米以上的高峰有七百余座，千山屹立，云雾缭绕。原始植被葱然林立，野生动植物资源丰富，成为全省林业重点县和全国生态

畲族聚居区茂密的毛竹林

示范建设县。在这片“九山半水半分田”的典型山区里，古老的畲民依山而住，依山而垦，这也形成了独具特色的“高山云梯”。于是淳朴的畲民也称自己为“山哈人”。

景宁县城又名鹤溪，它的由来也颇有趣，

毛竹是畲族主要经济来源之一

传说早年鹤溪是一个四面环山的大湖，湖西是一块草地，远远看去，犹如漂浮在水上的浮萍，当时人们称它为丽泽。西汉时，浮丘伯为了逃避战乱而从长安南下，先在青回居住了几年，而后带着两只白鹤沿小溪逆流而上，寻找地方隐居。一天来到丽泽，见这地方山青水秀，人烟稀少，是个隐居的绝好地方。但是他当时年岁已大，不能耕种，就在湖边的大岩石上垒石筑台，每天坐台钓鱼，两只白鹤也天天陪伴在湖边沐浴。过了许多年，此地的水慢慢枯了，聚居的人家也越来越多，浮丘伯又带着双

山林中的畲族村寨

鹤另找人烟稀少的地方隐居去了！后来，人们就将浮丘伯隐居过的地方叫浮丘，他钓鱼的地方叫浮丘钓台，中间的小溪叫沐鹤溪，溪边村庄叫鹤溪，就是后来的景宁县城鹤溪。

浙江景宁畲族自治县独一无二的畲族风情是我国华东沿海一带最具代表性的民族风情旅游线，同时其优质的自然生态和宜人清新的气候环境更是被人们称之为华东的“后花园“，山哈寨畲族风情旅游区就位于这民族风情与山水生态俱佳的新兴旅游区中。山哈寨以生态古村为基础，畲族文化为主题，集休闲、体验、会议为一体的综合性旅游区。

山清水秀的畲族聚居区风光

它处于景宁城郊，距县城6公里，有柏油路直达景区，交通极为方便。悠久的畲族文化，浓郁的民族风情，山哈寨旅游区全面、生动地展示畲族风采。典雅古朴的畲族祖宗祠，别具一格的猎神庙，精致大方的畲字寨门，独一无二的古廊桥，神奇的天棺与祭天坛，再加上60多幢古老的畲族农家小院都深深体现了畲族特有的历史积淀和文化魅力。

长达300米集制陶、制茶及各类畲族手工艺作坊、山珍土货等于一体的畲族风情工艺商贸街；可供300人同时用餐的农

增城普通畲族民居一景

家型酒店；可供100多人住宿的豪华型、标准型小石屋及中低档众多铺位的农家旅馆；3000米长的纯正森林游步道；占地3000平方米的表演游乐场等众多集休闲、养生、娱乐于一体的设施和活动，让你体会真正的休闲生活。宜人的气候，安静的环境，设计独家的大小会议室，完善的配套设施，再加上景区内舒适的住宿环境和特色鲜明的饮食，是召开各类型会议的绝佳场所。

保护完好的千亩原始森林，郁郁葱葱、风景如画的千亩惠明茶园和绿意盎然的竹海将山哈寨旅游区围成了一个天然的氧吧。山哈寨旅游区是开辟森林旅游的一块乐土，是渴望享受“森林浴”回归大自然人们的理想之地。

走进山哈寨旅游区，就是快乐的开始，不管你是老当益壮的银发一族，精神抖擞的中年人，还是充满生机的自助一族，在山哈寨中总有你所想要的快乐源泉。这里有绝对独家的畲族原始狩猎表演、祭祖表演、畲家乐表演，还有让你兴致倍增的畲家欢乐夜大型篝火晚会。你可以爬山、可以戏水、可以观松、可以听瀑，你可以参加刺激异常的狩猎攀岩活动，也可以和畲家兄妹一起下田耕作、

通往畲族村寨的小路

摸螺、捉泥鳅，体验真正的畲族农家劳作。

兰溪畲族村，是广州地区唯一的少数民族聚居地，位于正果镇东部罗浮山西麓，全村300多人，有盘、雷、来3姓，分居住在吓水、通坑、榕树窿三条自然村。该村是广州地区最大的畲民聚居村落。虽然村里已经有些汉化了，但还是可以看到少数民族的风情。畲族村拥有很多独特的景观。自然景观主要有荔枝园、桃花谷、柿树坡、扫把山、梨花沟、枇杷谷、枫树坡、古树神韵、竹溪村落等，人文景观主要是畲族特色的房屋建筑、文化习俗和酥醪古观等。

二 畲语说唱传承瑰丽文学

畲族聚居区流水潺潺、风光秀美

畲人“山客”讲畲话。畲话与客家话基本上能够无障碍沟通，一些地区的畲话带有少数吴语、浙南闽语的成分。有人认为畲话跟客家话是同一种语言，是客家话的一个分支，也有人认为，畲话就是畲族的本民族语言，历史上畲族先民与客家先民曾经长期混合居住，互相通婚，长达千年之久，畲族本民族语言与客家先民语言相互影响，使现代畲族语与客家话如此的接近。但是，畲话与客家话之间还是有一些细微区别，不能认为现代畲话就是客家话。

现在的畲民，除了居住在广东罗浮山区的少数人外，基本上说客家方言，这反映出客家先民语言对当时土著民语言的巨大影响，但另一方面，土著民的语言也影响了客家先民的语言。在语法方面，客家话中的语序与普通话颠倒，又有“来去”并用只表“去”的意思，这些都与汉语不同，而与傣语、苗语等某些南方少数民族语言相近。客家先民的语言受土著语言的影响，融会而成为客家话。畲族文化影响了客家文化，客家文化对畲族文化的影响，则是

畲族民居外的毛竹

显而易见的。客家先民来自中原和江淮，在经济和文化上比土著居民先进，他们带来的先进生产工具、生产技术后来都为畲民所接受，他们的文化给予了畲族巨大的、多方面的深刻的影响。如宗教信仰，客家先民入居赣闽粤交界区域之后，他们带来的佛教、道教，与土著民的民间信仰进行了斗争，结果是佛教、道教获得广泛的传播，连土著民也有不少接受了佛教、道教，但佛教、道教本身也改变了固有的面貌，变成一种适应当地固有文化的民俗佛教、民俗道教。语言的相互影响也就是伴随着文化影响、融合而发生的，是文化影响的一个特例。

传统的畲族村寨一景

畲族茶堂桥景观

中国畲族的文学，由传统的民间文学和新兴的作家文学两部分共同组成。在畲族民间文学中，有关民族始祖盘瓠的神话作品异常地引人注意。畲族的民歌也被称作山歌或杂歌，可以用来达到叙事、说理、咏物、抒情等多方面的目的，其中包括：劳动歌、情歌、风俗歌、时政歌等门类，艺术上有语言质朴明快、音韵和谐悦耳的特点。

其实畲族文学主要是民间口头文学，其中以山歌、神话和传说最有特色。由于畲族的歌唱习俗，在民间产生了许多长篇的史诗、叙事诗、说唱文学和民歌。史诗的主要作品有《盘古歌》和《麟豹王歌》。

说唱文学的主要内容是由畲族民间歌手根据汉族章回小说或话本改编的《西游记》《白蛇传》《梁山伯与祝英台》等。畲族民歌语言明快，音韵和谐，不用典故，也不用夸张和粉饰，叙事、咏物、抒情朴实真切。除韵文作品外，还有神话、传说、故事等，其中叙述畲族祖先开基创业的有《畲族祖先的传说》和《高辛和龙王》；颂扬英雄为民除害的有《天眼重开》；表现畲族人民勤劳和智慧的有《卖炭》和《石牛》等。

在大山怀抱中的畲族村寨

山歌是畲族人民在生产、生活过程中创作并流传下来的口头文学，是畲族传统文化的重要组成部分。畲民爱唱山歌，以歌代言，沟通感情；以歌论事，扬善惩恶；以歌传知，比睿斗智。不仅婚嫁喜庆和逢年过节唱，且在生产劳动、招待客人、闲暇休息、谈情说爱时唱，甚至在丧葬悲哀时，也以歌代哭，倾吐衷肠。

山歌一般以四行、七言体式韵文为一句，四句为一首。也有少数歌词第一句为三个字或五个字，讲究押韵，第三句末字须是仄声。

畲族山歌过去主要流行为浙西南一带的畲族聚居山区，起源于情歌，与春秋时期的“郑声”、汉晋时代的“乐府”“子夜歌”

和唐宋以来的“竹枝词”一脉相承。畲族山歌有叙事歌、风俗歌、时政歌、劳动歌、情歌、时令歌、小说歌、革命山歌、儿歌、杂歌、祭祀礼仪歌与识理斗智歌等种类。畲族几乎家家户户都爱听山歌，男女老少都会唱山歌，许多畲族山歌手出口成歌，语言形象生动，令人赞不绝口。畲歌的丰富多彩，充分显示了畲民的智慧，其歌词古朴自然，又清新活泼，充满山林风味，反映了畲族的风情特色。

畲族民歌的曲调大致可分为山歌调和师公调两大类。山歌调包括：福宁调、福鼎调、霞浦调、罗连调、丽水调、景宁调、龙泉调、文成调等，师公调包括念诵调和配合做公德动作的歌唱。

古老的畲族人世世代代生活在大山里

畲族人民擅长二声部重唱的唱法，人们称之为“双音”，畲族称“双条落”。在演唱上，带有轮唱性质。“双音”最初是两个人唱，发展到现在可以三人，也可四人。一般不超过四人。两声部分由两人演唱，如是由一男一女二人重唱，男的先唱或女的先唱都可以，后唱者可在先唱者唱后两个字或四个字接唱，要与先唱者唱

畲族聚居地区清澈的山间泉水

同样的歌词和近似而不完全相同的曲调。“双音”在唱法上，一般男女都用假声，后来男子改用真声唱，听起来声部更加清晰。畲族假声唱法追求恬静、纤嫩、清秀、古朴。由于唱法的不同，一般同一首歌可

出现平讲调、“假声唱”和“放高音”和三种不同曲调整。演唱“双音”不严格规定时间、场合，但必须在唱歌的季节，即从农历八月十五起至翌年三月初三止为畲家唱歌的季节。尤其是正月、三月三、八月十五、九月九等节日，畲家总是成群结队走亲串友，以歌当话，还要举行盛大的对歌会。这都是欣赏畲家“双音”的好时节。

农闲时，村上来了客人，村上与之年龄相仿的异性就活跃起来，天一黑，众歌手到客主家门口放一鞭炮，涌入中堂起歌头：“日头落山岙里黄，太(看)见阿哥(妹)娘洞(郎洞)来，阿妹(哥)冒(无)纳(物)好招待，安晡(今晚)行来打大铺

畲族婚庆迎亲场面

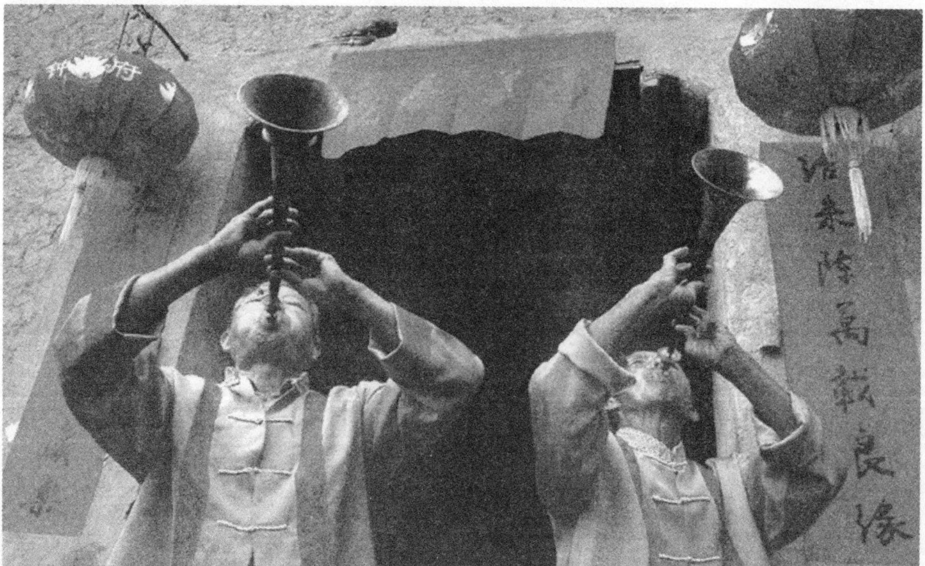

(对歌)。”如果客人是歌手，会很快对上。若客人来了，村上无人对歌，也会被人视为此村无能。找客人对歌，村上上场唱者必须是年龄相仿的异性，客人必须是非本村出嫁者；主家如是三年丧服期内或造房竖柱时，不对歌，要对也要放别人家去对。来客对歌，主要是唱情歌，已婚者双方也不拘束，完全可假戏真演，双方都未婚则求之不得，往往“唱”来一个终身伴侣。

畲族村寨古树

来客对歌，一般对一整夜，半夜时主家烧点心招待所有在场者，唱到天亮时，要唱十二生肖歌以送歌神，结尾是“唠歌唠到天大光，送你歌神出外乡，唱条歌儿安香火，一年四季保安康”。对歌结束时，村上主要几个对歌者要集点钱作为“手薪”送给客人。当然唱歌来了真感情，就不是送点“手薪”了。

小说歌是畲族民间文学中的另一种特殊的形式，多是由近两个世纪以来畲族中懂汉语的歌手将汉族文学作品改编而成的叙事歌，也有以本民族的历史故事为内容编写的作品。

国家级“非遗”畲族小说歌发源于霞浦县溪南镇白露坑村，诞生于清朝，是最

畲族民居木门上精美的雕饰

初由畲族歌手中一些能识字、懂汉族章回小说和评话唱本的人，将其改编成诗歌体口头唱本和手抄唱本，并结合本民族语言特点，进行再创作的民间文学。小说歌除了由畲族民间歌手根据汉族章回小说或话本改编的《西游记》《白蛇传》《梁山伯与祝英台》等外，还根据本民族流传的英雄人物和结合畲族的生活特点、心理素质重新进行艺术创作，主要作品有《钟良弼》《钟景祺》《蓝佃玉》等。其还有一个显著特征，即作者的

署名被巧妙地隐藏在歌尾。

畲乡茶山风光

畲族是一个善歌的民族，喜怒哀乐皆可成歌。而畲歌最初的歌言形式却很单一，内容简约，多为一事一议，没有故事情节。歌手只对日常劳动和生活起居即兴言唱，歌曲相对较短，无法对畲族历史和重要人物进行刻画和颂扬；加上当时汉族戏剧和话本小说的兴盛，与畲族的山野文学形成鲜明的反差，这种心理自卑不断激发和促使畲族文化人尽快摆脱文化贫困的窘迫。

清代的白露坑，以文化发达而名重一方。村里一些能识字、懂汉族章回小说和

景宁畲族自治县一景

评话唱本的歌手，将其改编成诗歌体口头唱本和手抄唱本，并结合本民族语言特点进行再创作，小说歌便应运而生了。小说歌是一种长篇故事歌，形式繁多，内容丰富，满足了畲民的精神寄托和情感交流。

白露坑小说歌的内容多取材于汉族民间神话故事、传说、章回小说、评话唱本等，如《白蛇传》《三国演义》等。它有栩栩如生的人物形象，有真挚感人的故事，有离奇曲折的情节，引人入胜。听了小说歌，不仅知道每个朝代的人物典故、自然知识以及畲族人民反抗封建统治阶级的斗争史，而且可以从中学到许多为人处世的道理，因而深受群众喜爱。

小说歌除了由畲族民间歌手根据汉族章回小说或话本改编的歌曲外，还根据本民族流传的英雄人物和结合畲族的生活特点、心理素质重新进行艺术创作，主要作品有《钟良弼》《钟景祺》《蓝佃玉》等。内容丰富，形式多样，语言明快，音韵和谐，不用典故，也不用夸张和粉饰，融叙事、咏物、抒情为一体，朴实真切。小说歌和所有的畲族歌谣一样，曾被人们广泛认同，广泛传唱。

三　凤凰装饰祈求生活祥瑞

具有浓厚民族特色的畲族服饰

畲族的始祖爷盘瓠王毙了番王建立功勋，高辛帝就把自己的女儿三公主嫁给了他。成婚时刘皇后给女儿戴上了凤冠，穿上了镶着珠宝的凤衣，打扮得喜庆非凡，祝福她像凤凰一样给婚后的生活带来祥瑞。三公主有了女儿后，也把女儿打扮得像凤凰一样。女儿成婚时，凤凰从广东的凤凰山衔来凤凰装送给她做嫁衣。从此，畲家女便穿凤凰装，以示吉祥如意，有些地方把新娘直接称为“凤凰”。这就是凤凰装的传说和由来。

畲族服饰特色主要体现在妇女凤凰装装扮上，而男性则与汉族男性穿着基本相同。

畲族妇女最主要的装束，就是“凤凰装”。

畲族民居一角

红头绳扎的长辫高盘于头顶，象征着凤头；衣裳、围裙上用大红、桃红、杏黄及金银丝线镶绣出五彩缤纷的花边图案，象征着凤凰的颈项、腰身和羽毛；扎在腰后飘荡不定的金色腰带头，象征着凤尾；佩于全身的叮当作响的银饰，象征着凤鸣。已婚妇女一般头戴“凤冠”。它是在精制的细

山林中的畲族民居

畲族服饰

竹管外包上红布帕，悬一条30厘米长、3厘米宽的红绫。冠上有一块圆银牌，下垂3个小银牌于前额，称为“龙髻”，表示是“三公主”戴的凤冠。

过去畲族男子的服装式样大体有两种，一种是平常穿的大襟无领的青色麻布短衫；另一种是结婚或祭祖时穿的礼服，红顶黑缎官帽，青色或红色长衫，外套龙凤马褂，长衫的襟口和胸前有一方绣有龙的花纹图案，脚穿白色布袜，圆口黑面布底鞋。由于长期以来与汉族杂居，这两种服装现在很少有人穿了，他们的装束已与汉族没有什么差别。

现在畲族男女服饰基本类同于当地汉人。但人口相对集中的闽浙两地畲族服饰尚

畲族人古时使用的纺车

存一定的民族特色，尤以闽省畲家妇女特色显著，并因地域、婚姻状态而异彩纷呈。闽东北畲族妇女发式称为“凤凰髻”，16岁前少女用红绒缠辫子，盘绕头上，额前留“留海”，畲族称为“布妮头”。成年已婚妇女发式畲族称为“山哈娜头”，随地域不同略有差异。流行于闽侯、福州、古田、连江、罗源和宁德南路飞鸾一带发式称为“凤头髻”。流行于福安和宁德大部分区域的发式称为“凤身髻”，流行于福鼎和霞浦西路发式称为“凤尾式”。闽南，闽西有的畲村妇女发式也不同于当地汉人，如漳平、华安、漳浦、长泰等县畲族妇女发式为“龙船髻”。闽北畲族妇女以百根银簪并配以红绳、料珠，装成“扇形髻”。浙西南畲族妇女发饰称为“笄”。

畲族服饰常带有各种图案，具有鲜明的民族特色。其创造作者大多是土生土长的劳动妇女。她们制作服饰品完全是为了自用，而不受商品需求的制约，显得灵活生动。在设计和制作过程中她们可以随心所欲、独出心裁。技法上或挑中带绣，或织绣结合，一

畲族服饰上的图案精美生动、别具匠心

切从实际生活出发，从而使这些服饰图案花团锦簇、溢彩流光，显示出鲜明的民族艺术特色。服饰图案的内容和风格往往自由奔放、不落俗套。她们把山里的花草、林间的鸟雀、空中的云彩、雨后的彩虹，缝在衣服上、裙子上。这种来源于生活的朴素的艺术情感，使她们手中绘制的服饰图案纹样生机勃勃。

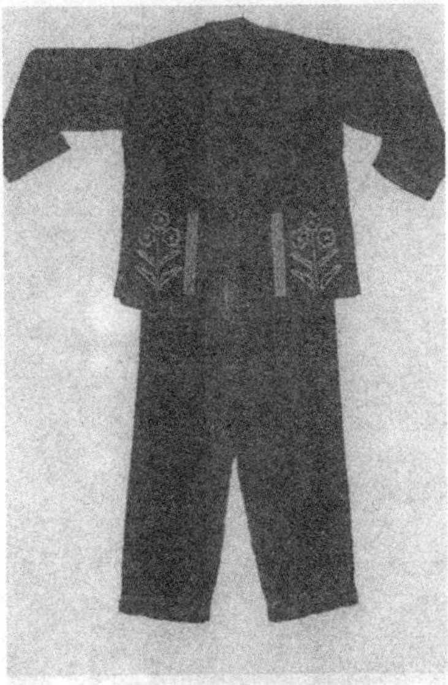

畲族男子服饰

畲族服饰图案大多取材于日常生活中各种活生生的物象。如飞禽走兽、花鸟虫鱼、农舍车马以及传统的几何形图案，如万字、云头、云勾、浮龙纹、叶纹等。有的用文字排列组合成图案。文字的形体有原始的，也有楷书，常用一些旧的吉祥语，如“五世其昌”“三元及第”“招财进宝”等。再如象征农田的方格图案、象征江河的彩条图案、象征林木的十字图案，都作为一种较为固定的格局被保留下来。

妇女们在创造了理想形象之后，努力追求颜色的浓郁和厚重的艳丽感。畲族崇尚黑色和蓝色，在服饰上以黑、蓝为主调，显得凝重深沉、庄严朴实。在以黑、蓝为主调的基础上，有的加上一点色彩鲜艳的花边或头巾、围腰之类，平添几分情趣。

畲族手工艺品

畲族服饰图案包含着千百年来广大民众的艺术创造精华，具有极高的艺术价值和较深的文化内涵，它的内容十分丰富。而最使人惊异的是，这些平凡的劳动妇女不仅使用木制织机，织成粗质的棉布，还以一根针、几缕线、小小的蜡刀这些甚为简陋平常的工具和材料在漫长的岁月里为人类的艺术宝库增添了无数精美的艺术品，这的确值得人们永远珍爱。

畲家女善织麻布、生丝布、扎腰、大带等，工具是木机。多用麻布制衣、做豆腐袋、布袋和蚊帐。扎腰、大带长丈余，宽尺许，有花纹图案，两端经线结璎珞，用于男子扎腰，畲语叫“扎包”，也用于背小孩，叫“水巾”。

畲族饰物

织彩带是传统手工，工具只要三条竹片牵好经线提好综，一头挂在门环、柱子或篱笆、树枝上，另一头拴在自己的腰上，上山放牛也能织。

织带是畲族农村妇女必学的手艺，小姑娘五六岁时就跟妈妈学织带。带子经线放在桌边用三支小竹竿牵成，中间提综，一头扎身上，一头挂壁上或树上，就可坐着织。纬线为白纱，经线两边用红、绿、黄、紫等色纱，色线之内为白纱，中间用黑白相间的纱为织图案花纹之处，经线多少由所需宽窄而定，中间经线一般有五双或十三根，宽者有23根、33根、55根等。提综挑压织出文字花鸟。经纬线有丝质的

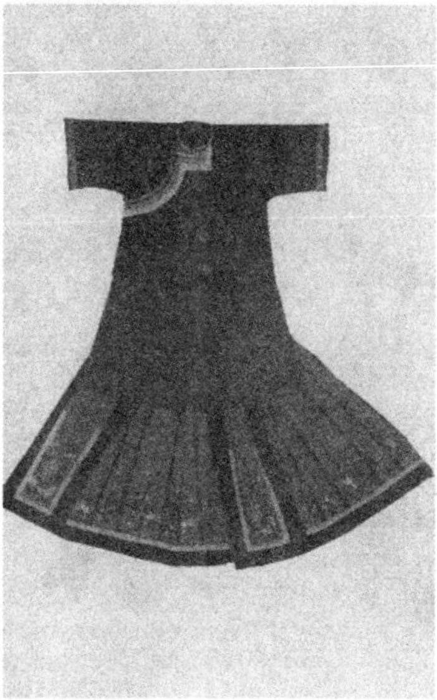

畲族女子服饰

也有棉质的。彩带织得粗细，是衡量一个女子是否心灵手巧的标准。定亲时，不论男方送什么礼物，姑娘回礼必须有自己织的彩带。女子送给朋友、情人的礼物也多为彩带。彩带作裤带、腰带、围裙带等用。以往农村男青年喜欢把刀鞘壳用火烙成花纹或刻成图像，钉上情人送的彩带，缚在身上两人的手艺就结合在一起了。故《情歌》中有首《带子歌》:“一条带儿斑了斑，丝线栏沿自己织，送给你郎缚身上，看到带子看到娘（妇女自称）”。

除编织工艺外，畲族刺绣艺术也值得一提。妇女喜欢在衣裳的领上、袖口、衣襟边和围裙上刺绣图案花纹。花纹有写实的自然纹，如梅花、牡丹、莲花、桃花、菊花、竹花、兰花、喜鹊、凤凰等，有变形的几何纹，如锁同、万字、云头、云勾、浮龙、山头、柳条等。生活用品上装饰刺绣图案的有枕套、帐帘、童帽、鞋面、肚兜、五谷包、烟捻子袋等。绣品色彩对比鲜明，亮丽喜人。

畲族民间手工艺除了妇女的织带、绣花，其次是木匠的雕刻和竹编、石雕等。景宁有几位畲族木匠雕刻马腿十分精湛，刻的龙凤、人像、花草生动活泼。

四　乌饭清茶品味饮食文化

畲族民居一景

传说在唐代，畲族英雄雷万兴领导畲族义军反抗官府压迫，被朝廷围困于大山之中，粮吃光了，失去了外援，不得不在大山里觅食。时值深秋，山里大部分果实凋落，只有一种叫乌稔树的野生植物，叶子虽然落了，枝条上却挂着一串串像珍珠一样的甜果，大家采了一些带回营地，雷万兴也尝了尝，感到香甜可口，于是传令大量采集这种果实充饥，军粮解决了，抗击官军也取得了胜利。过后有一年三月初三，雷万兴突然忆起大山里食过的甜果，便又想吃，可是这时正是春天，乌稔树刚刚抽出绿叶，哪有甜果啊？乡民只好采下乌稔树叶子加工后和着糯米一起炊煮，结果糯米也呈现出同乌稔果一样的蓝黑色，香味很浓，雷万兴吃了，食欲大增，非常高兴，下令畲军每年这一天都煮乌米饭。畲民们为了纪念雷万兴率领畲军反抗官兵的胜利，在每年农历三月初三这一天，男男女女都出门“踏青”，采集乌稔叶，家家都做乌米饭，流传至今便成为畲族的一个节日，即现在的“乌饭节”，除了保留原有的习俗外，人们还载歌载舞，更加热闹非凡了。

畲族乌米饭可“乌”得名副其实，吃起来连碗筷也被染成乌黑色。不过它的味道可

畲族人日常生活用具——斗笠和扫帚

相当不错哦，吃一口清香扑鼻，细腻滑口，别有味道。倘若将乌米饭贮藏在阴凉通风处，可数日不馊。食用时，以猪油热炒，更是香软可口，堪称畲乡上等美食。

畲族广居山区，山高水冷，水田少，旱地多，因此种植水稻很少，多种杂粮。普遍以番薯丝（也叫“地瓜米”）为主食，也有以番薯丝掺米的。或把玉米磨成细面粉，加

畲族特色食品——乌米饭

入少量食盐，和米饮食。景宁畲村有这样一种习惯，一般要煮三种饭：白米饭以招待客人，半米半番薯丝饭供老人小孩吃，占绝大部分的番薯丝饭给年轻人吃。畲族种植蔬菜少，蔬菜种类也较少，主要有萝卜、南瓜、丝瓜、洋白菜、空心菜、芥菜等。此外，春天有毛竹笋，六月至九月有芦竹笋。有时也向市场购买酱油、咸鱼、虾皮、海带、味精等佐食。畲族山区盛产黄豆，畲家经常以豆作菜，常吃“豆腐儿”。几乎家家有小型石磨，自磨自制。解放前畲族肉食少。油类是茶油和猪油。山区缺少食油，普遍以辣椒调味。畲族喜欢吃热菜，把菜锅架在火炉上，边煮边吃边谈，如吃

畲族民居灶台

火锅一样，别有风味。有些地方在喜筵上，备有大肉块，让客人在饭饱酒醉散筵之余带回，让家人共享。滨海的畲族妇女则讨小海，拾取螺贝、螃蟹，加盐捣成酱，以备长期佐餐。广东凤凰山区畲民喜吃腌菜，每家都备有一二瓮腌菜或萝卜。

但是近年来，随着畲族地区水稻种植面积的扩大，食大米越来越普遍。现如今畲族人日常以米为主食，除米饭外，还有以稻米制作成的各种糕点，畲家常食的米饭有籼、粳、糯三种。从黏性上分，糯米最黏，粳米次之，籼米基本无什么黏性，但籼米出饭最多，畲家食用的米饭以籼米最为普遍。番薯也依然是畲族农家主食之一。粉丝则是畲家招待客人制作点心和菜肴的重要原料。肉食最多的是猪肉，一般多用来炒菜。竹笋差不多是畲家四季不断的蔬菜。有这样的说法：一年十二月中只有八月无笋，可用茭白替代。竹笋除鲜吃外，还可制作干笋长期保存。畲族的酒多以白酒和自家酿制的糯米酒为主。景宁山区还有一种绿曲酒。白酒有明烧和暗烧两种。畲族的典型食品有：卤姜、糟辣椒、端午粽子、乌饭等。

吃饱了还得喝足，畲族人一般不喜欢饮酒，

要喝也只是喝自酿的酒，每逢喜庆佳节、红白喜事、结婚、生孩子、盖房等时才请客喝酒。在浙南一带畲区，畲民家中最常见的是大酒缸。酒有用糯米酿造的，叫“米酒”，醇香浓郁，味甜可口；有用小麦酿造的，叫“麦酒”，淡而无味。畲民大都自酿自饮，畲族的糯米酒味醇香，有健身作用，可以舒筋活络，消除疲劳，壮神御寒，养气补身。糯米酒是畲民为纪念畲家女子香莲的。传说畲家女子香莲的血能使人红光满面，于是就被皇帝抽干了血，她死后坟墓上长出了很多小莲花样的小草，畲民将其插在米饭上便渗出红液，这就是糯米酒。

相比酒而言，畲民更喜爱喝茶，通常

畲族人自酿的酒

畲族人手工制作的茶壶

好多时候都是以茶代酒，关于茶还有一段传说：

很久很久以前，鹤溪一带的人不知道种茶树和用茶叶泡茶。相传，四川峨眉山有一个叫惠明的和尚云游到鹤溪，见敕木山云雾缭绕，树木苍翠，是个建寺的好地方，于是化缘筹款于山中建寺一座，取名惠明寺，佛课之余在寺周辟地种茶。而后，每到春天，他就将细嫩茶叶摘下，制成茶干泡茶。

有一年，鹤溪一带瘟疫流行，病死、逃亡的人不可胜数。惠明和尚得知疫情，就携带茶叶走门串户，问病赠茶。没几天，喝过茶叶汤的病人竟病情好转，惠明一时名

畲族聚居地区山清水秀，物产丰富

声大振，茶叶汤的清香、甘醇之味和治病之神效也随之尽人皆知。人们就仿效慧明的做法，开始在屋前屋后种茶树。鹤溪一带为感激惠明和尚，就把惠明寺一带的茶叶称惠明茶。惠明茶的名声也越传越远，如此可见畲民的茶文化历史之悠久。

畲家人与茶有着浓厚的品趣：

婚礼茶为最

畲族姑娘出嫁，上轿前，要用茶叶拌米谷贮在樟木八角红漆茶盘中，边唱“分酸”歌，边向厅堂撒茶米，意为娘家播下茶种谷种，日后能发丁发财。有的地方在姑娘花轿出门时，以一碗茶叶拌米谷撒向轿顶祝福他们一路平安。有的地方新娘花轿到达夫家时，由新郎的姑母手执托盘上的两杯清茶向轿里晃一晃，新娘立起递上红包，并把随带的花生、米花等“茶泡果子”抛出，让小孩们争拣，然后，下轿拜堂。

畲族民居内一角

畲族人使用的传统捣具

福安与霞浦交界的一带畲族，新婚之夜，新娘要先向舅公敬“九节茶”，意为舅公为首饮新娘这第一杯糖茶时，压在杯底的红包现钱要逢九，如九元、十九元、二十九元。在新娘过门之前，亲家嫂要向前来接新的亲家伯敬“宝塔茶”。他们像要杂技一样，故意用红漆樟木八角茶盘，将五大碗茶像叠罗汉似的叠成三层——一碗做底，中间三碗，围成梅花形，顶上再

具有民族特色的畲族器物

压一碗。饮茶时，亲家伯要用牙咬住“宝塔”顶上的一碗茶，以双手挟住中间的三碗茶，连同底层的一碗分别递给四位轿夫。他自己一口饮干咬着的那碗热茶，才算工夫到家。要是把茶水溅了或倒了，就会遭到亲家嫂们的奚落。

客来茶当酒

畲家俗语道：“谈天泡牙，腌菜送（下）茶。”意思是畲民高谈阔论时离不开茶，劳动闲聊时也离不开茶。凡是亲戚朋友上门，先用茶水相待，然后才开口畅谈，以茶来沟通人的情感。否则，人家就认为不礼貌——“到某某家连茶水都没有喝”。凡是酒宴，也要先饮茶，然后才能喝酒。逢年过节也离不开茶。大年初一，全家人团聚饮糖茶，然后开饭。在一个院子里，若住几家人，就要按户泡几盘糖茶，分别送到各户相互祝贺。正月头一次“出行”归来，要喝“出行茶”，正月初五开年驾，大扫除完毕也要喝糖茶。有意让小孩们说：“甜割来！甜割来！”借用“甜”的谐音“田”，预祝田园大熟、五谷丰登。

病逝带茶归

畲族老人病逝，经过洗浴、更衣，停尸

于后厅、举行告别仪式时，逝者右手要执一茶枝（有的地方用桃枝），以供他归阴府时开路用。据说茶枝一拂，就能使黑暗变成光明，使逝者很快地通过阴府归途，从而达到早日转生的目的。生人为逝者做坟墓破土奠基时，还要用茶叶与铜钱、大米、小麦、稻秆、灯芯等“七宝”埋到墓基底下，以示此地能生财。这些古俗虽带有迷信色彩，但说明茶已深入到畲民生活的各个方面。

茶为常用药

畲人世代居住于偏僻山区，缺医少药。他们长年累月在与茶打交道中，根据当年“神农尝百草，日遇七十二毒，得茶而解之”的传说，把茶当为家庭备用药，不花钱、

古朴而美丽的畲族村寨

畲族人盛装在木制容器内的食物

畲族村寨内蜿蜒曲折的小巷

不请医，通过实践创造出许多茶治百病的良方：他们用茶以预防风寒感冒；用茶泡姜，以治痢疾；用茶泡糖，以和肠胃；用茶拌鸡蛋以平肝壮肾；用茶与银器、大米、小麦、黄豆、稻秆、灯芯等“七宝”煎汤服以去惊。这里有一个有趣的故事：一天，有位汉族同胞脸上不慎受虫咬感染，又肿又痒，十分难受，他找了好几个医生都没有治好。一位畲族老乡告诉他，这很简单，用茶和大米放在口中嚼烂拌醋涂抹就可以好。汉族老乡回去用此法治疗，果然治愈，他十分感激，并将此法传于汉族地区。

五　节庆娱乐欢动民族脉搏

畲族人家中自用的小石磨

畲族民居外观

畲族民居一景

畲族的一些节日与汉族是大同小异的，当然大部分节日还是他们特有的，过节的时候载歌载舞，热热闹闹，有“时年八节”的说法。

春节

春节为八节之首，备受畲人看重。畲族别具情趣的过年，从腊月廿五便开始，这一天，家家“扫尘”：家庭主妇早早起来清扫房屋，洗涤被单和蚊帐，把整个家打扮得干干净净以迎接春节的到来。

除夕这天，畲人和汉人一样，大早起来，全家便忙开了。家家户户都要贴春联，换贴新年画，还会在谷仓门上贴个“五谷丰登”，在猪舍门上贴个“六畜兴旺”等，

畲族民居木门

畲族民居一景

以图个吉利和希望。早上煮好饭后，首先要盛上一大碗“上岁饭”，放于灶台的“司命灶君”前，泡茶、烧香、迎灶君回家，让他“好话传天上，坏话去一边”或“上天言好事，下界降吉祥”。完毕，主妇还要将做好米饭蒸熟后用小盘子装着，加上三牲酒肉，到家族庙里焚香顶礼，放上鞭炮，表示一年忙到头，过年有如此丰盛的收成，感谢上代祖宗的保佑。

晚上，全家聚餐，吃团圆饭，凡是在外地读书、经商、做官、打工的家人都得赶回来团聚，喝上自家酿的米酒，共同享受这丰盛的年饭，共享天伦之乐。晚饭后，大人们

青街畲族乡一景

向小孩子发压岁钱，畲家厅堂习惯红烛通宵长明，叫做“照岁”，全家欢聚一堂守岁迎春，守岁寓意迎来“天增岁月人添寿，春满乾坤福满堂”的新一年。零点准点，家家大放鞭炮迎春纳福，谓之“开新正”，但当年有丧服的人家就不兴燃放鞭炮和贴春联。

正月初一是一年的开头，畲族人起早穿上节日新装，个个喜笑颜开，遇见熟人应互相道贺，共祝新年万事如意。交情较

深的，便互相登门拜年，拱手作揖，“恭喜发财”“长命富贵”等祝福不绝于耳。

这天小孩子特别高兴，全身穿戴一新，聚在一起吃年糕，放鞭炮，打锣鼓，踢毽子，放风筝，吹气球，比新衣服，数压岁钱…… 一天到晚玩得不亦乐乎。晚上开始则有打香灯（用稻草扎成龙形，插上香火）和打狮活动，到各家各户去，舞灯助兴，纵情欢乐。真是“年初一，早开门，放爆竹，喜气新，点蜡烛，装香灯……”

畲族民居一景

祭祖节

二月十五、七月十五、八月十五，畲族十分重视这个节日，人们认为参加祭祖的次数越多地位越高，节日里各家族除祭同家族之祖外，还要祭民族之祖盘瓠王。

畲民的宗教信仰属于祖先崇拜，有关祭祖的节日很多，各地畲民还有所不同：

蓝公节

农历正月初四日是古田富达村畲族蓝姓村民祭祖日。

祖公福

农历正月初六日是宁德雷东、丹斗畲族钟姓祭祀其先祖友文之日。

畲族民居一角

迎祖节

又称请祖节，是宁德畲族祭祖节日，每年在农历正月十四日举行。迎祖时，抬迎着装有香案的香亭，全副执事仪仗，场面极其隆重。

奶娘节

农历正月十四日，传说为陈靖姑（即奶娘）生日，供奉奶娘神像的畲村村民通常在这一天致祭，并每隔一两年到古田县临水宫请奶娘，迎神场面也很隆重。

凤凰节

农历正月十五日为福鼎樟岭一带畲族村民的节日，每三年举行一次。是日，按户募

颇具民族特色的畲族民居屋顶

每逢“三月三”，畲族人便会三五成群地聚在一起，以独特的方式庆祝节日

捐钱、米，由各户派代表到值祭者家中供祭聚餐。

补天穿

农历正月二十日为福安社口镇潘洋一带畲民节日。

会亲节

二月初二日是福安坂中畲族乡后门坪一带村民的会亲节日。这天凡是后门坪“雷氏祠”的支派，以及与该村有亲戚关系的，都不远百里赶到该村会亲。

三月三节

“三月三”是中华民族传统的“踏青节”，同时也是畲族的传统节日。原来是与清明的祭祖、扫墓相连。后经过长期演

畲族民居长长的木制楼梯

畲族人用舞蹈欢庆"三月三"

畲族节日里的“上刀山”表演

变，各地的内容开始变得不一致。“三月三”民俗节，又称“乌饭节”和“对歌节”。每年的“三月三”，周边村寨的畲民就会三五成群聚集在一起，以他们独特的形式庆祝自己的节日。

牛歇节

农历四月初八日为畲族的牛歇节。是日凌晨，畲族农民要把牛赶到山上吃露水草，梳洗牛身，做牛栏卫生，还以泥鳅鸡蛋泡酒，或用米粥等精饲料喂牛，严禁对牛棍打鞭甩。修有“牛王庙”的村庄也在这一天供祭。

分龙节

大部分地区在农历四月辰日（霞浦县

畲族特色建筑一景

在五月二十四日），据说这天是玉皇大帝给畲山“分龙”的日子，即分配雨水。这一天人们不能动用铁器，不能挑粪下地，更不能下地劳动，否则就对龙不敬，天就不下雨。好歌的畲族人此日纷纷上山举行赛歌会，意在祈求玉皇大帝保佑风调雨顺，五谷丰登。青年男女还要通过对歌寻觅情侣。

白云山歌会（六一歌会）

畲族民族舞蹈表演

六月初一 ，除前来过节的畲族外，还有拜佛敬香的许多汉族和其他民族的游人。畲族青年男女有的要赶两三天的路前来参加盛会。六月初的前夜，青年男女们便开始对歌，活动一直持续到六月初二天黑时候，人们才恋恋不舍地下山回家。畲族山歌不同地区有不同的曲调，白云山歌会所唱的主要是流行于福安和宁德县的“福宁调”，来自其他地区的歌手，都必须用此调对歌。

畲族民族舞蹈表演

尝新节

农历七八月水稻收割后过尝新节，又为“食新节”。按畲族传统，开镰收割必须先择吉日，把头一趟割的稻谷碾成米，煮成白

畲族民居雕刻精美的木门

畲族特色食品

米饭，供祭地方神、祖公神灶神。祭毕，请亲邻一起品尝新饭。桌上要请本家长辈先“动箸”，以示尊敬老人，祝贺老人健康长寿。是日客人越多越好，据说“多一人尝多一人粮”。各人饭罢，还要盛一碗米饭放在桌上，称为“剩仓”。

中秋歌节

畲族把农历八月十五视为走亲访友的好日子，而陪客人唱歌又是畲族的独特习俗。中秋歌节除了在村子里陪来客唱歌外，还要集中到县城对歌。节日这天，人们结伴来到县城，白天拜访亲友，晚上开始对歌。对歌的时候，都是男妇各站一边。妇女们还特别喜欢挤在一起，不参加唱歌的妇女，也要与歌者挤在一起，以壮声势。高明的歌手，可以随时转换曲调。除了对唱，有时还加进些齐唱。

五谷节

农历十月十五，人们都打开粮仓搬出所有装粮的器具摆放于仓门口，用稻穗及三牲做祭品，上香而拜，春意为新粮即将入仓，有劳这些器具尽职尽责贮存粮食。

圆冬节

“立冬”畲族农户的圆冬节。这一天，户户砻糯谷，舂米做糍粑，全家共餐，庆祝一年辛勤劳动取得的好收成。有的人家

传统的畲族二层建筑一景

畲族首饰

龙南畲族图腾

还要杀鸡宰鸭烹食，俗称“理园埕”，田园种植大计到此已料理完毕。个别畲民因某种原因“立冬”米曾做糍，那么，到“冬至”也要补上“圆冬节”这一餐，或舂米糍或做汤圆先供祖，后全家吃汤圆，以祝来年好收成的习俗。

完满福

农历十二月二十，各家备办祭品，行祭

传统的畲族石头民居

礼之礼，感谢各位神灵的庇护，祈求全家老少平安无病。祭毕，家人一起欢宴，预祝明年人寿年丰。

招兵节

农历十二月择吉日或正月初一到初五(每两年或五年举行)，活动以家庭为单位，各户捐资，请法师主持。“招兵”时，在祠堂前搭一高台，上设神坛，以米斗为香炉，插上青、白、赤、黑、黄五色旗表示东西南北中五营兵马旗。法师做法时，口中念念有词，然后吹起响亮的牛角，将两个蚶钱抛在案点上，若是一阴一阳则表示兵马已到，台下群众便挑选几位男子，各领一令旗，到公厅正面去拜祖。过两三天，

如今不少畲族聚居区已
经被开发为旅游胜地

瀑布边的畲族少女

畲族文化活动一景

举行结束仪式，叫“推龙”。每户备一只鸡一只鸭以及金银首饰到村口再祭，送别法师。法师一般只收鸡鸭作为报酬，不收金银。关于招兵节，相传祖先盘瓠在茅山学法后，得以统兵扶正压邪。后人便举行招兵活动，以祝愿平安，子孙昌盛。

节日里家家老小欢庆节日，当然少不了各种娱乐活动，畲族的娱乐活动很具民族特色，以“打尺寸”为代表。古时候，蓝凤高率领畲人抵抗侵略，因寡不敌众，

竹林间的畲族歌舞别有特色

被迫退驻江南岸。一次，敌人从江北万箭齐发，企图渡江，为保卫阵地，蓝风高急中生智，挺身而出，用手中断弓把来箭一一挡掉，其他群众也争相效仿，拿起棍棒，挡住来箭，战胜敌人。为纪念蓝风高，畲人便开展“打尺寸”活动。

“尺”代表断弓，“寸”代表残箭，“打尺寸”主要以“尺”打“寸”为基本动作。追逐对打是常见的比赛形式：场地为长20—25米，宽8—10米的长方形平整土地。“尺”为长60厘米的木棒，“寸”为长20厘米竹条。比赛分甲、乙二队，每队3—6人。甲队先进攻，每人手持“广寸、广尺”并确立好1—6号

畲族民居外部

畲族村寨中有许多粗壮的大树

畲族儿童游戏场面

进攻手站于起点线后，乙队为防守，每人持“广尺”分布于场内。比赛开始，甲队 1 号进攻手自起点线以“尺”将“寸”向前击去。守队力争将击来的“寸”在未落地前，用“尺”反击回去。这样攻守可回击数次，直至“寸”落地。这时甲队 2 号攻手就在前“广寸”的落点处继续向前进攻，守队继续防守，直至“寸”落地。这样 3—6 号进攻手按此轮番进攻 1 次，以最终的有效落地点为本队所打得“尺寸”。然后两队交换攻守。一轮后，丈量两队相差的距离为某队所胜“尺寸”，照此进行三轮，最后哪队胜得“尺寸”多者为胜。

除此之外，畲人还流行许多体育竞技娱

乐项目：

打枪担

娱乐性健身项目。“枪担”又名“串担”，即畲族群众上山砍柴草时，就地砍竹一根，削尖两头，用以挑柴草的器具。上山时，畲人边唱山歌，边用力敲击“枪担”，逐渐提炼出“打枪担”。

斗牛

对抗性竞技项目，也称“顶牛”。两人在平地上争斗，有跳跃、顶碰、拨撞等活动。

猴子占柱

儿童娱乐竞技项目。以厅堂梁柱作目标，也可在平地上标明位置进行活动。主要动作是奔跑追逐、闪避，锻炼灵敏性。

畲族村寨中的小石桥

畲族民居外崎岖的小路

虎抓羊

儿童集体娱乐性项目。参加者一般十人以上，以手拉成圆圈，推一人在圈中为“羊”，一人在圈外扮“虎”。拉圈为“栏”的人按节拍移动、跳跃，双手上下摆动。“虎”可窜入“栏”内抓“羊”。

猴子抢蛋

儿童娱乐竞技项目。在地上画一直径三十厘米圆圈，圈内放三枚鸡蛋大小的圆石蛋，代替“蛋”。一人手脚伏在圆线外作为母猴护“蛋”，其余人则在圈外抢“蛋”。

另外，畲族还有自己的武术。

畲族武术基本上可分作棍术和拳术两大类。由于棍术器械的长短及其功用有别，又有不同的名称：一种叫“丈八棍”，长一丈二尺，由单人耍弄；另一种叫“齐眉棍”（或称“盘柴槌”）长六尺（或四尺八寸），供两人对打。棍术动作复杂多样。有双头糙、三步跳、四步半、七步、九步、猴子翻身、天观地测等。拳术（又叫“打工头”）在一些畲族山村十分普及。作为拳术的一部分，还有令人叫绝的点穴功夫，有这种绝技的多是德高望重的老拳师。

六　婚嫁喜庆昭显民俗风情

相传很久以前，龙麟于广东潮州凤凰山上死去，三公主按照嘱咐，抱着报晓鸡，经福建到了景宁毛坪附近的毛垟村。后来三公主上天了，就把凤冠和报晓鸡留给了雷四妹。

这只报晓鸡是天上神仙转世，报时准确无误。天刚一亮，它便去溪边寻食吃，每日天上都有一只黄蜂嗡嗡地飞来，将天上要发生的事情一五一十地告诉它。随后有一个虾精会从东海沿江溪而上，把海里将要发生的事一一告诉它。因而报晓鸡上知天文，下晓地理，等中午一到便回到雷四妹家里，将天上海里将要发生的事尽数告诉雷四妹，由四妹转告山哈，人们就晓得啥时候会天晴，

景宁畲族聚居区风光

祭拜祖先是畲族民俗的一部分

啥时候会下雨，啥时候可播种，啥时候可收晒割谷。掌握了节律，自然有收成。

报晓鸡呢？看着雷四妹这样勤劳苦耕，待自己这样好，总想报答这个恩。临终时，报晓鸡朝雷四妹叩了三下头，跪在地上不起来，眼睛也翻白了。四妹一看赶快蹲了下来问："报晓鸡，报晓鸡，你有啥难要我帮忙，你赶快说吧？""主人啊！生死由天，我要死了，你也帮不了。"雷四妹一听，眼泪流了下来，便问："你既然要归终，我怎样好呢？""主人，你不要难过。"雷四妹边流眼泪，边说："我怎能不难过呢？""主人、主人，我有一

畲族村寨中的古井

件事求求你！”

“啥事情，你快说吧！”

“我在封金山的时候，吃了千年的露水，尝过万种青草。我的肠都被露水杂草染得花花的，鸡胰也染香了。我死后你要把我的肚剖开，把肠取出来就成为一条有七色花纹的彩带；把我的胰取出来就变成一只袋，唤作香袋。你年纪轻懂情义，当你定亲时，你把彩带和香袋作为定情物送给他，就会保佑你两个白头到老。”话一说完，报晓鸡就死了。雷四妹按照报晓鸡的吩咐，忍着心痛，剖开鸡肚，取出它的肠子。这肠果然变成了七色花纹的彩带，鸡胰也变成了一个香袋。接着，

年代久远的畲族旧式家具

她把报晓鸡葬后，烧了香纸，筑了坟，把彩带和香袋好好保存着。

时过一年，隔岸有个小伙子由媒人带着来找雷四妹说亲，三番五次，雷四妹动了心。之后，雷四妹把彩带和香袋送给了小伙子，小伙子欣然接受了。小伙子和雷四妹结婚之后，夫妻两个有商有量，有情有义，勤劳苦耕，等到他俩白头到老的时候，许多年轻人羡慕他们的恩爱，便去问原因，当晓得四妹用香袋、彩带作为定情物时，觉得有意思，寻出彩带和香袋看了

明代末期的畲族家具

个究竟，就学着做了，这样就传下香袋、彩带作“定情物“的习俗，还编了《香袋歌》：

一 桁 带 子 斑 了 斑，丝 线 拦 边 自 家 耕（织）；送分郎哥缚身上，　瞬到带子瞬到娘。（娘：畲族指妻子，此处指情人。）

畲族彩带有棉料、丝料，经线有多种颜色，纬线用白色，利用中间的黑经线挑织图案和文字，花带通常有“蝴蝶花”、“水竹花”、“铜钱花”和“卐字花”等。字带由中间黑经线多少分为“三双”“五双”“十三桁”“十九桁”“三十三桁”“五十五桁”等，以“五双”最多，“十三桁”最出名，许多妇女虽不识字，但能织出很工整的方块字。渤海乡上寮村妇女织的“十七双字带”，一条带上就有“长命富贵金玉满堂福如东海寿比南山万古长青风调雨顺风雨同舟五湖四海全心全意为人民服务自力更生艰苦奋斗”四十九个工整的汉字。彩带织得是否精细，常常能衡量一个女子是否心灵手巧。彩带用作拦腰带、刀鞘带，

畲族婚庆场面

畲族特色民居建筑

是定亲信物。

说起定情信物自然要介绍别具情趣的畲族婚俗，畲族实行一夫一妻制，同姓不婚。

畲族男女青年社交比较开放，双方在劳动中、唱歌中找对象，自许终身。自由恋爱常以歌当话，经过对歌比“肚才”，求相悦、探情意、察忠贞、挑选意中人。当双方认定

古朴而久远的畲族民居

是真正的情人，就暗订终身。女方私赠男方银质手镯或戒指，男方递送白色“兜肚”（畲族称“肚稿袋”）或其他珍贵物品给女方。而后男方就主动托媒向女方父母求亲，取得同意后，备些糕饼、枣、线面、猪蹄和聘金若干呈送女家叫做“小定”。随后男女双方经常来往，男方可主动到未婚妻家助工、犁田、插秧、秋收等。

订婚畲语叫“得定”，即正式“订婚”。一般选择农历五月端午节或八月中秋节前后的吉日。男方备好礼物，一般有长寿面两包、红枣、礼饼、猪蹄、猪肉、鱼鲞、衣料、制“凤凰冠”的“髻栏”、银手镯一副、银戒指一只（带响铃）、聘金（银元）若干，托媒人送往女家。女方将礼物点收后，则商定婚嫁时间。这时女家用红纸再次写女儿的生辰交给媒人，带回给男家，并给回盘猪肉二刀、黄金或糯米粽四十至六十粒。女家将定婚的猪肉分别送给六亲。六亲收到礼物后，便知某人的女儿已许配，并准备衣料礼物。

带有祝福文字的畲族彩带

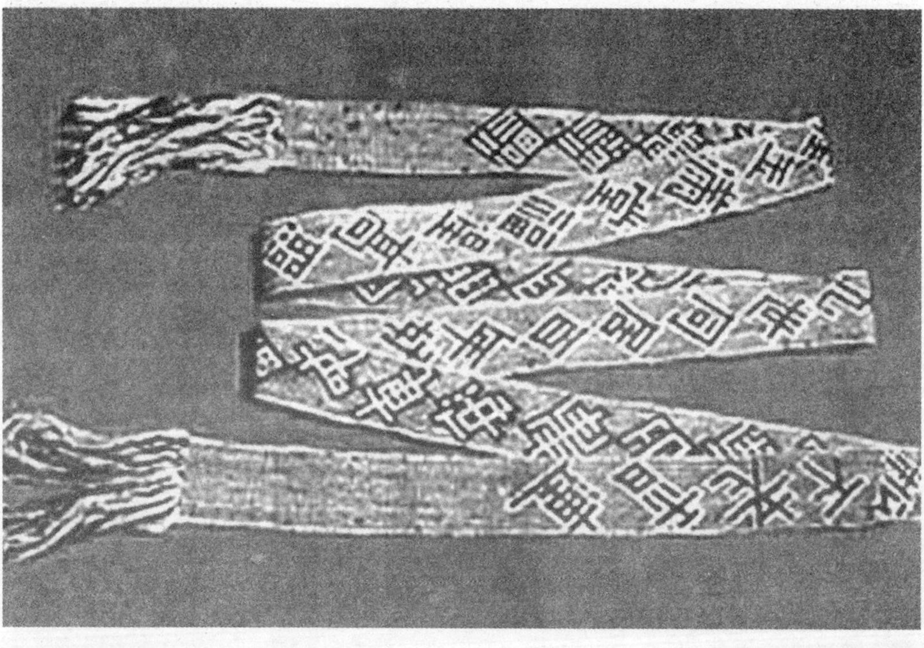

斑驳的土墙是畲族古老历史的见证

男方择好吉日娶亲通知女家叫“送日”。连同礼饼、猪肉、线面、冰糖、红枣和“龙凤礼帖”，由媒人和亲家伯等人送往女家。妇方根据吉日单办喜事，再将男方送的“送日”饼、猪肉由姑娘直接分送给舅母、姨母、姑母等家。母舅等亲戚得知后便留她“做客”，即叫“做表姐”。“表

畲族有自己独特的婚俗习惯

姐”进村，男青年一定要与对歌，一般均唱“嫁女歌”来揶揄她。

娶亲时，男方派出由新郎的叔伯、善歌的“赤郎”、作为伴郎的“接姑”、厨子和能说会道的“赤郎子”组成迎亲队伍，由媒人带领于婚礼两天前赶到女家，鸣鞭炮叫开门，送上礼品，行“脱鞋礼”（脱掉草鞋，洗脚，穿上新布鞋），结婚时新郎由女家亲迎。女家款待新郎就餐时，餐桌上却空空如也，什么东西也没有，这些东西必须要新郎一一唱出来才能摆上桌，如：要筷子则唱《筷歌》，要酒则唱《酒歌》，司厨也要以歌相和，这些东西才应声而出。双方歌手对歌欢宴，新娘在席间敬酒，并接受宾客与长辈赠送的红包，谓之“讨百家银”。酒席完毕后新郎还需把餐桌上的东西一件件唱回去。

当晚的歌宴要通宵达旦，男方的歌手若唱答不上女方歌手的问题，脸上要被抹锅底灰，引得哄堂大笑。第二天，在女家行“请祖公”礼，即向祖宗牌位报告婚事，请求保佑。尔后，新娘的母亲把嫁妆摆在床上，母女坐在床旁哭得难舍难分，叫做“哭嫁妆”。第三天是正式婚礼，新娘依夫家远近决定上轿启程的时间，原则是天亮前要赶到新娘家。

畲族民居木制的窗棂

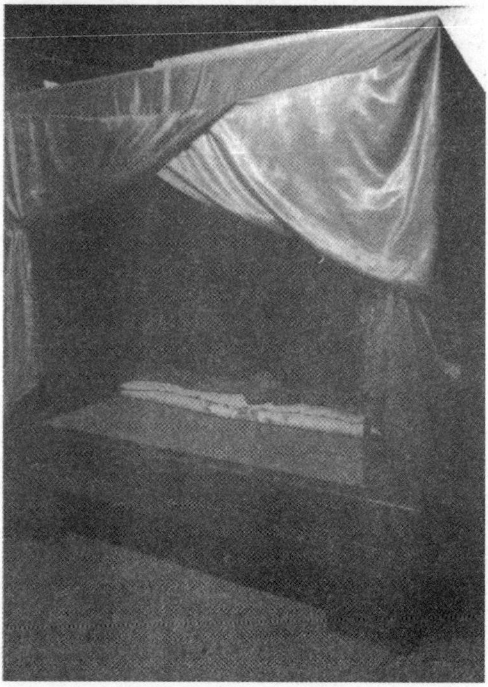

畲族传统木床

途中新娘不得回头，以保证婚后白头到老。到新娘家大门外，新娘要张伞通过不断接替铺在前面的红布袋，象征着传宗接代。在通往中堂的路上，夫家的亲友要撒生花生，预祝多生贵子。在中堂拜祖宗时，新郎才能与新娘见面。婚后第三天，新郎陪新娘回娘家行回门礼。住两夜或四夜再回夫家。直至今日，这一古老的规矩仍在畲乡沿袭。

畲族姑娘出嫁后的首次回门，自然是热闹非凡。回门当天，新娘新郎身穿艳丽服饰，带着礼物，一路放着鞭炮往娘家赶。新娘的娘家人听到锣鼓鞭炮声，也要大放鞭炮回应，欢迎新人。此时家中的男主人要着节日盛装，率领家中老小到门口迎客，口唱《迎客歌》欢迎新人。新人抵达时要行迎客礼，并在回门的新娘新郎腰上各系一条编织的腰带，表达家人的关心和爱护，并祝愿新人白头偕老。在款款歌声中，回门的新娘新郎向家人致以谢意，并在欢快的歌声中跳起舞蹈。舞蹈多以竹拍舞为主，利用明快的节奏，夸张的肢体语言表达新人对美好生活的向往。

当回门的新人跳舞谢客时，家中的女主人会生起风炉准备煮茶给客人喝。回门

色彩斑斓的畲族彩带

畲族建筑内部结构

的新人跳完舞，即回到母亲身边帮忙。先把母亲做的点心分给来宾。母亲则把上好的惠明茶叶倒入宽口大碗，从土钵中舀水点泡，轻轻搅动。随后，在各个茶碗中放入一点点糖，并从宽口大碗内舀一点点水把糖化开。同时把宽口大碗内的茶分到各个茶碗，让新人把茶送给来宾分食，并唱起好听的敬茶对歌。待来宾食用后，大家会在欢快而祥和的

畲族老式梳妆盒

气氛中跳起团圆舞，唱起动听的对歌，漫长的婚礼过程才算正在结束。

在畲族民间，除通常的嫁女之外，还有男嫁女方的婚俗，这个男嫁女方有两种：一种是入赘到未婚女子家的叫“做女婿”；另一种是入赘给寡妇的叫“上门”。无儿子的家庭多行招赘，但不少有儿子的家庭也让儿子去入赘，而让女儿来“招儿子”(即招女婿）。一般入赘者的子女要随母姓，也有两个儿子分别随父母姓的。若夫妻双方都是独生子女，就得“做两头家”，即新婚头几年两边的家都要照顾，居无定处。几年之后，才能确定在夫妻娘家中经济条件较好的一方落户。

七 宗教祭祀寄望福子荫孙

七里畲寨风景区

宗教信仰即是人们对待神鬼、大自然不可知与支配物的态度，也包含了人们向往美好幸福生活的一种愿望，期望祖先或者神灵帮助克服艰苦的生活环境，是意识形态的问题。在中国历史上，佛教和道教与儒家思想一起构成了中国传统文化主体，这是主宰人们精神的思想体系。畲族居住方式呈大分散小聚居，长期与汉族杂居，形成了和汉族一样信佛、信鬼神、信天命、信风水的宗教习俗。在各地的宗教信仰活动中又有地方特色，表现为对地方神的崇拜。而“学师传师”可称畲族的原始宗教，“插花娘”可谓浙南畲族塑造的歌神。

畲族的宗教信仰主要是祖先崇拜，和中华其他各民族如出一辙，虽然各民族有各自独特的民俗风情、生活习惯，但是同起源于华夏这片热土，有相似的盘古开天辟地的传说，信奉着很多共同的宗教，各民族团结一家亲。畲族人有敬先人的传统。敬先人有三种方式，一是祠堂，二是家庭香案，三是坟墓。祠堂是一村或几村同姓人建立的祭祈先人的庙堂。畲族由于接受了盘瓠传说之后，真正的始祖未流传下来，以盘瓠作总始祖，在潮州建有盘瓠总祠，其他各地是蓝、雷、钟三种祠堂，蓝姓以蓝光辉作为始祖，雷姓以雷巨佑作始祖，钟姓以钟志深作为始祖。本村有祠堂的，可以把亡人牌位送入祠堂，家庭内可设可不设祖宗香案。本村无祠堂，一般是只把绝后的亡人牌位送入他村同姓祠堂，不绝后者亡人牌位并入家内祖宗香案。亡人牌位同一排行者放同一排台阶。祠堂一年祭两次，时为二月十五和八月十五，祭时要杀猪杀羊，本祠堂人每户派一人参加，师公以舞蹈行祭，祭后聚宴一餐。有的村则三年才祭一次。祠堂内设六个香炉，蓝姓的分别称神仙、祖师、射猎、下座、仙童、

畲族民居内雕刻精美的窗棂

日溪畲族盐府一景

畲族茶堂桥一景

畲族永思堂盘瓠图

战兵，雷姓的分别称众炉、神仙、祖师、下座、仙童、战兵。

畲族祖图

又称“盘瓠图”，是畲族信仰的主要标志之一。畲族把有关始祖盘瓠的传说画在布上，制成约四十幅连环画式的族图，代代相传，称为“祖图”。畲族民间还有《高皇歌》，记述了盘瓠王不平凡的经历，歌颂其英勇杀敌、繁衍子孙的丰功伟绩。畲族每年还定期举行隆重的祭祀，族人共聚祠堂，悬挂祖图，供奉谟拜。此外，畲族民间还信仰其他世俗神灵，属多神崇拜。

祭盘瓠

正如前面提到，畲族始祖是龙犬，名盘瓠，畲族每三年举族大祭一次，典礼甚为隆重，以祭奠盘瓠。

传师学师

也称“做阳”“做聚头”，还称“祭祖”。不是祭祀祖先的仪式，而是畲族的以道教内容与盘瓠传说相糅合的一种原始性宗教。说是盘瓠上闾山学过法，其后裔也要通过一种仪式学法，以学过的师公们传给要学的人，所以叫传师学师。主持师公有一担“师担”，为两只木箱或篾笼，内放师爷香炉，“三清”像挂图、左右营“兵马图”、“祖图”、师冠师裙、龙角、灵刀、笏板、铰杯、铃钟、小鼓等，另有一支祖仗，凡从这担祖学师的人，要把法名和学师日期写在红布条上，系于祖仗。要学师的人把师担挑回家来举行学

整齐的畲族民居

师，师担才又称“游祖”。照壁挂“三清”，桌子上摆祖师香炉，供猪羊等三牲，两边板壁挂“兵马图”。所谓反映畲族历史的祖图，实际是盘瓠故事连环画，可挂两边，也可挂走廊，那是不受香火的。大门挂门神图和代表太阳和月亮的金鸡、玉兔图。

传师学师要三天三夜，由十二位学过师的人举持，他们分别称为东道主（主持师公）、证坛师、保举师（相当介绍人）、引坛师、监坛师、净坛师、度法师、哈老师、专职师、东皇公、王母娘（保举师的妻子）、陪伴（陪王母娘的姑娘），带领本师公（学师者）以祭祀舞蹈的仪式进行。

闽东畲族崇拜祖先，把“敬祖宗”列

畲族聚居区枝繁叶茂的古树

为族规条例的首要内容，且相信祖宗有灵，能庇佑福荫子孙，以至将祖先视为保护神，虔加敬奉。长期以来，祭祖是畲族最隆重、最虔诚、最普遍的信仰习俗活动，其祭祖活动可分为家祭、墓祭和祠祭。举行祭祖的时间按有关节日定期举行，或在做醮或修谱时举行。

家祭

是畲民以家庭为单位组织的祭祖仪式。畲族居住比较分散，加上崇山峻岭阻隔，各村寨的具体祭祀仪式因地而异。一般是逢年过节，农历每月的初一、十五，分别焚香点

畲族村寨水车

古老的畲寨一景

烛敬奉祖先。农历每年的正月十五以及七月十五、八月十五为祭祖三大节，福鼎畲族将农历八月十五改为农历十二月十五作为最大祭祖节，另外还有独特的“三月三”染乌米饭祭祀祖先活动。

墓祭

每年清明节，畲族也有上山扫墓习俗，各家各户带上香、酒、纸钱、糕点、猪肉或鸡肉等供品到祖坟前，焚香祭奠，墓祭仪式比较简单，都是以家庭为单位进行。

祠祭

畲族比较看重祠堂合族祭祀典礼。祠祭分春秋两祭（或一年一祭），礼仪隆重、

畲族建筑上精美的雕饰

热烈。祭礼由族长或本族名望最高的人主持。祭日前一天，要整扫祠堂，陈设器皿，洗涤用具，备办牲礼供品。供品备好后，祭日子时，放铳一响，大家做准备。丑时，铳炮一响，每家每户成年男子手捧香烛供品前往祠堂致祭，女性不参祭，只在旁观看，进祠堂门时要半跪蹲行进，将香烛祭品排列供桌上，然后退站两旁。黎明时，开炮三响，祭典正式开始，法师设坛请天神安位，迎祖图、祖杖、族谱入祠，悬图、置杖、开谱，叫请祖安位。这时鼓乐鞭炮齐鸣，由族长领唱《祖源歌》，边歌边跳“祭祖舞”，气氛热烈欢快。接着瞻仰祖图，宣读祭文，而后按辈分先后向祖先礼拜。祠祭完毕后，举行隆重的迎祖游行动。迎祖队伍由锣鼓队、彩旗队、龙头队、刀枪队、舞蹈队组成。有的地方祭祀仪式长达两三天，法师代各户读“疏文”祈福，还要带参祭者跳“独角舞”、“铃刀舞”，最后行谢神、送神、封谱之礼。礼毕，各家各户的户主（或代表者）带走自家香烛供品以半跪蹲方式退出，将供品摆在家中祖龛上。接着参祭者聚宴一堂，祭祖仪式才告终止。

修谱祭

俗称封谱，是宗谱编修完竣时的祭祖活动。全族聚会，仪式与大祭相同，旧例“封谱”的谱牒，由辈分最低者缄封，由辈分

畲族黄龙岩风景区景观

最高者收藏。

神灵

畲族人信奉的神灵由四个大类组成：传说中历史人物，包括宗族远祖和族内英雄能人；民间俗神，与当地汉族村民共同信奉神灵；道教与佛教神灵，尤以道教神所占比重为大；石神、树神等自然物体演化的神灵，其中以宗祠远祖和民族英雄崇拜对象较多，主要有田公元帅、钟景琪、雷尤兴、钟志公、李仙娘以及盘自能、蓝光辉、雷巨佑、钟志深等。此外，闽东畲族崇拜英雄。康厝金斗洋村雷大三十二公，是清代畲族武林英雄，既是雷姓远祖崇拜的对象，又是畲族内他姓崇拜英雄。民间俗神有大帝、大圣、大王、侯王、元帅、将军、先师、师爷、娘娘、夫人、仙娘、婆神、洞主、仙公等，尤其尊崇林公大王。此外，还有灶神、奶娘（临水夫人）、五显大帝等。道教神有三清、三官大帝、真武帝、福德正神、将爷等。自然物体神灵有巨石神灵、巨树神灵等。

畲族民居雕刻精美的窗棂

插花娘

相传浙江松阳县靖居乡茅弄村畲姑蓝春花，因反抗汉族老财主逼婚，在横岗山跳崖自尽，姐妹们以山花遮其遗体，后成神称插

畲族聚居地区茂盛的竹林

花娘，在松阳横岗岙建有插花娘庙。丽水市范围内畲汉都有一种问神的方式叫“讲花”或“问花”，畲族是男神童（神汉）进行，汉族是女神童（巫婆）进行，以插花娘神附身后，插花娘请“白马三郎”去引求神者指定的一位先人亡魂来对话，先叫求神者讲清亡人坟地在什么地方，来此要经过那些路，插花娘叫“白马三郎”引路，像带小孩一样念着到什么路了要怎样小心走。亡人引到后，神童即代表亡魂与其子孙对话了，问清所求问题的根源和处置方法后，又还回插花娘叫白马三郎引亡魂回去，念：“白马三郎来引路，哪路来哪路回。”办后认为灵则要再谢插花娘。畲族的谢礼则要求有女歌手与插花娘（男神童）对歌。

葬俗

“接娘家”是浙江丽水地区畲族的丧葬风俗。当稍上年纪的妇女死后，家人要通知其娘家人来吊唁。来人多是其兄或其弟。如果来人是长者，不戴孝帽，如果是死者的弟弟，则穿孝衣。娘家人来时，在村外放鞭炮。这时孝子孝孙们拿香，按长幼依次跪在门外迎接。娘家人第一个过来时，收拿跪者手中的香，第二人将他们扶起来。有的地方还要“抬娘家”，即两人手臂相交，其舅坐在上面，抬进屋，孝子跪在灵台后，娘家人进门后，先向外拜三拜，表示接他家的香火，再向里拜三拜，表示把娘家的祖宗安放在这里，

雕刻精良、独具特色的畲族民居窗棂

畲族聚居区自然风光

再拜棺和灵位。

大葬、小葬

历史上畲族曾盛行火葬，有的地区则实行土葬。葬前请风水先生选择地穴后打洞，把棺木滑入洞内。外筑坟头墓碑，谓

畲族茶堂桥前的石刻

之大葬。若是墓穴风水不合，则另择它地，两三年后择吉日起棺，拾骨骸盛于陶瓷之中另葬。立墓碑，谓之小葬，即二次埋葬。

焚烧入罐

这是畲族的传统丧葬风俗。历史上畲族曾盛行火葬，人死，则停棺于野外，经数年后，举行火化，将骨灰贮于瓶内，埋入土中。据《闽桥酉轩录》记载："人死刳木纳尸。其中多长，辟相击节，主丧者盘旋四舞，乃焚木拾骨，置诸罐，浮葬林麓间，将徒则取以去。"

功德

《建德县志》记载畲族的丧葬仪式。"重做功德，门竖一幡，上书死者姓名，灵前杂列鸡黍，畲妇七八围棺坐哭，用麻干为方格，高阔尺许，外湖以纸，中置纸绽，名之曰库，非持竹鞭甑，且鞭且祝曰：阿娘气平平上，或曰阿爷气平平上，或曰孝子饭"。又说："治丧时必请祭祖者八人穿青红各色祭衣，在死者灵前嘴诵，或祖先前歌舞，名曰功德。未作功德则不得葬，葬则认为不吉。"进行土葬的畲族地区，还有请斋公念经起度做功德。或一两日，多至七日。送葬后还要做"头七""二七"以至"七七"四十九日的祭扫活。